FONDAZIONE GIORGIO CINI
ISTITUTO ITALIANO ANTONIO VIVALDI

ANTONIO VIVALDI

SINFONIA
PER DUE VIOLINI,
VIOLA E BASSO

FXI, 53
RV 147

EDIZIONE CRITICA
A CURA DI
MANFRED FECHNER

RICORDI

Comitato editoriale / Editorial Committee

Prefazione generale

I criteri che guidano la nuova edizione critica delle opere di Antonio Vivaldi sono analiticamente esposti nelle Norme editoriali, *redatte a cura del Comitato Editoriale dell'Istituto Italiano Antonio Vivaldi. Se ne offre qui un estratto che descrive, nei termini indispensabili alla comprensione della partitura, la tecnica editoriale adottata.*

L'edizione si propone di presentare un testo il più possibile fedele alle intenzioni del compositore, così come sono ricostruibili sulla base delle fonti, alla luce della prassi di notazione contemporanea e delle coeve convenzioni esecutive.

La tecnica di edizione adottata per opere singole o gruppi di opere è illustrata nelle Note critiche. *Esse contengono di norma:*

1. *Una trattazione dell'origine e delle caratteristiche generali della composizione (o delle composizioni).*
2. *Un elenco delle fonti (comprese le fonti letterarie quando rivestano particolare importanza).*
3. *Una descrizione di tutte le fonti che il curatore ha collazionato o consultato, comprese le più importanti edizioni moderne.*
4. *Una relazione e una spiegazione relative alle scelte testuali derivanti dallo stato delle fonti e dalle loro reciproche relazioni e alle soluzioni adottate per composizioni particolarmente problematiche, non previste nella* Prefazione generale. *In particolare viene specificato quale fonte è usata come* fonte principale *dell'edizione, quale (o quali) sono state* collazionate, consultate *o semplicemente* elencate.
5. *Una discussione sulla prassi esecutiva relativa alla composizione o alle composizioni edite.*
6. *Un apparato critico dedicato alla lezione originale e alla sua interpretazione, contenente la registrazione di tutte le varianti rispetto alla fonte principale e alle fonti collazionate.*

Ogni intervento del curatore sul testo che vada al di là della pura traslitterazione della notazione antica o che non corrisponda a un preciso sistema di conversione grafica qui segnalato, viene menzionato nelle Note critiche *o evidenziato attraverso specifici segni:*

1. *Parentesi rotonde (per indicazioni espressive o esecutive mancanti nelle fonti e aggiunte per assimilazione orizzontale o verticale; per correzioni e aggiunte del curatore laddove nessuna delle fonti fornisce, a suo giudizio, un testo corretto).*
2. *Corpo tipografico minore (per l'integrazione del testo letterario incompleto o carente sotto la linea o le linee del canto; per le indicazioni « solo » e « tutti » aggiunte dal curatore; per la realizzazione del basso continuo per strumento a tastiera).*
3. *Linee tratteggiate* ‑ ‑ ‑ ‑ ‑ ‑ ‑ *per legature di articolazione o di valore aggiunte dal curatore.*
4. *Semiparentesi quadre* ⌐   ⌐ *per il testo musicale o letterario di un rigo derivato in modo esplicito (mediante abbreviazione) o implicito da un altro rigo.*

Non vengono di norma segnalati nell'edizione gli interventi del curatore nei casi seguenti:

I)   *Quando viene aggiunta una legatura tra l'appoggiatura e la nota principale. Questa regola vale anche nel caso di gruppi di note con funzione di appoggiatura.*
II) *Quando segni di articolazione (per esempio punti di staccato) sono aggiunti a una serie di segni simili per assimilazione, sulla base di inequivocabili indicazioni della fonte.*
III) *Quando la punteggiatura viene corretta, normalizzata o modernizzata; lo stesso vale per l'ortografia e l'uso delle maiuscole.*
IV) *Quando abbreviazioni comunemente usate vengono sciolte.*
V)   *Quando pause di un'intera battuta mancanti nella fonte vengono aggiunte, e non c'è alcun dubbio che una parte del testo musicale sia stata inavvertitamente omessa.*
VI) *Quando vengono introdotti dal curatore segni ritmici indicanti modalità di esecuzione.*

L'ordine delle parti strumentali nella partitura segue la prassi editoriale moderna.

La notazione trasposta dell'originale (per il violone, il flautino, il corno) viene mantenuta nell'edizione; nelle Note critiche *viene specificato l'intervallo di trasposizione dei singoli strumenti (con l'eccezione del violone). Parti in notazione di « bassetto » (violini, viole, clarinetti, chalumeaux, ecc.) sono trascritte nelle chiavi di violino e di contralto e nell'ottava appropriata.*

IV

Nelle Note critiche *l'altezza dei suoni viene così citata:*

do¹ —— si¹   do² —— si²   do³ —— si³   do⁴ —— si⁴   do⁵

Le armature di chiave sono modernizzate per intere composizioni o per singoli movimenti, e l'armatura di chiave originale è indicata nelle Note critiche. *L'edizione usa le seguenti chiavi: per le parti strumentali, le chiavi di violino, di contralto, di tenore e di basso secondo l'uso moderno; per le parti vocali, la chiave di violino, la chiave di violino tenorizzata e la chiave di basso. Le chiavi originali o i cambiamenti di chiave sono registrati nelle* Note critiche.

Per quanto concerne il trattamento delle alterazioni, le fonti settecentesche della musica di Vivaldi seguono l'antica convenzione secondo la quale le inflessioni cromatiche mantengono la loro validità solamente per il tempo in cui la nota alla quale è premessa l'alterazione è ripetuta senza essere interrotta da altri valori melodici, indipendentemente dalla stanghetta di battuta. Pertanto la traslitterazione nella notazione moderna comporta l'automatica aggiunta di certe alterazioni e la soppressione di altre. Inflessioni cromatiche non esplicite nella notazione della fonte originale, ma aggiunte dal curatore, sono segnalate, quando è possibile, nella partitura, mettendo tra parentesi l'alterazione o le alterazioni introdotte. Se la stessa alterazione è presente nell'armatura di chiave, ovvero appare precedentemente nella stessa battuta, mantenendo dunque, secondo le convenzioni moderne, la propria validità, l'intervento del curatore viene segnalato nelle Note critiche, *dove viene offerta la lezione originale.*

Il basso continuo per strumento a tastiera è notato su due righi. Il rigo superiore contiene la realizzazione del curatore stampata in corpo minore. Essa non è da intendersi tout-court come una parte per la mano destra, dato che alcune note potranno legittimamente essere intese per la mano sinistra dell'esecutore. Il rigo inferiore che, in quanto parte di basso si riferisce spesso non solo agli strumenti del continuo, ma a tutti gli strumenti gravi dell'orchestra, è fornito di tutte le numeriche del basso esistenti nell'originale, stampate sotto di esso. Queste numeriche possono essere, se necessario, corrette dal curatore, che tuttavia non ne aggiungerà di nuove. Le alterazioni sono apposte davanti alle numeriche cui si riferiscono e i tratti trasversali indicanti l'alterazione cromatica di una nota (6) sono sostituiti dal diesis o dal bequadro corrispondenti. L'abbassamento di un semitono di una cifra del basso precedentemente diesizzata, è sempre indicata col segno di bequadro, anche se le fonti, talvolta, usano per lo stesso scopo il segno di bemolle. Le indicazioni «solo» e «tutti» nel basso, sempre in carattere minore se aggiunte dal curatore, si riferiscono a cambiamenti nella strumentazione della linea del basso, descritti più analiticamente nelle Note critiche. *Particolari figurazioni ritmiche nella linea del basso non devono necessariamente essere eseguite da tutti gli strumenti del continuo: così, veloci disegni in scala possono essere affidati ai soli strumenti ad arco; a sua volta il clavicembalo può suddividere in valori più brevi lunghe note tenute dal basso, dove questo si addica alla generale struttura ritmica del brano.*

Abbellimenti normalmente previsti dalle convenzioni esecutive dell'epoca vivaldiana sono aggiunti dal curatore tra parentesi rotonde se mancano nella fonte. Se la fonte indica o sottintende una cadenza, nelle Note Critiche *essa viene sottolineata come tale, ma di norma non se ne fornisce un modello.*

General Preface

The guiding principles behind the new, critical edition of the works of Antonio Vivaldi are set out in detail in the *Editorial Norms* agreed by the Editorial Committee of the Istituto Italiano Antonio Vivaldi. We give below a summary which describes, in terms essential to the understanding of the score, the editorial principles adopted. The editon aims at maximum fidelity to the composer's intentions as ascertained from the sources in the light of the contemporary notational and performance practice.

The editorial method employed for single works or groups of works is described in the *Critical Notes*, which normally contain:

1. A statement of the origin and general characteristics of the compositions.
2. A list of sources, including literary sources when relevant.
3. A description of all the sources collated or consulted by the editor, including the most important modern editions.
4. An account and explanation of decisions about the text arising from the state of the sources and their interrelationship, and of solutions adopted for compositions presenting special problems, unless these are already covered in the *General Preface*. In particular, it will be made clear which source has been used as the *main source* of the edition, and which others have been *collated, consulted* or merely *listed*.
5. A discussion of performance practice in regard to the composition(s) published.
6. A critical commentary concerned with original readings and their interpretation, which lists all variations existing between the main source and the collated sources.

All instances of editorial intervention which go beyond simple transliteration of the old notation or which do not conform to a precise system of graphical conversion described below will be mentioned in the *Critical Notes* or shown by special signs:

1. Round brackets (for marks of expression or directions to the performer absent in the sources and added through horizontal or vertical assimilation; for editorial emendations where none of the sources, in the editor's judgement, provides a correct text).
2. Small print (to complete an underlaid text when some or all words are missing; for the editorial indications "solo" and "tutti"; for the realization for keyboard of the continuo).
3. Broken lines ⁓‒‒‒‒‒⁓. for slurs and ties added editorially.
4. Square half-brackets ⌈   ⌉ for musical or literary text derived explicitly (by means of a cue) or implicitly from that on (or under) another staff.

Normally, the editor will intervene tacitly in the following cases:

I)   When a slur linking an appoggiatura to the main note is added. This applies also to groups of notes functioning as appoggiaturas.
II) When marks of articulation (e.g. staccato dots) are added to a series of similar marks by assimilation and the source leaves no doubt that this is intended.
III) When punctuation is corrected, normalized or modernized; the same applies to spelling and capitalization.
IV) When commonly-used abbreviations are resolved.
V)   When whole-bar rests absent in the source are added, there being no reason to think that a portion of musical text has inadvertently been omitted.
VI) When editorial rhythmic signs indicating a manner of performance are added.

The order of the instrumental parts in the score follows modern publishing practice.

Transposing notation in the original (for *violone*, *flautino*, horn) is retained in the edition; in the *Critical Notes* the interval of transposition of individual instruments (*violone* excepted) will be specified. Parts in "bassetto" notation (violins, violas, clarinets, chalumeaux, etc.) are written out in the appropriate octave using treble or alto clefs.

In the *Critical Notes*, the pitches are cited according to the following system:

The key signatures of whole compositions or individual movements are modernized where appropriate and the original key signature given in the *Critical Notes*. The edition employs the following clefs: for instrumental parts, treble, alto, tenor and bass clefs following modern usage; for vocal parts, treble, "tenor G" and bass clefs. Original clefs or clef changes are recorded in the *Critical Notes*.

In regard to the treatment of accidentals, the 18th-century sources of Vivaldi's music adhere to the old convention whereby chromatic inflections retain their validity for only so long as the note to which an accidental has been prefixed is repeated without interruption, irrespective of barlines. Conversion to modern notation thus entails the tacit addition of some accidentals and the suppression of others. Chromatic inflections not made explicit in the notation of the original source but supplied editorially are shown where possible in the score, the one or more accidentals entailed being enclosed in parentheses. If the same accidental is present in the key signature or appears earlier in the same bar, therefore remaining valid under the modern convention, the editorial intervention is recorded in the *Critical Notes*, where the original reading is given.

The *basso continuo* for keyboard is notated on two staves. The upper staff contains the editorial realization. This should not be understood *tout court* as a part for the right hand, since certain notes may be intended for the performer's left hand. The lower staff, which as a bass part often has to be played not merely by continuo instruments but also by all the "low" instruments of the orchestra, includes all the bass figures present in the original, which are printed below it. Where necessary, these figures may be corrected by the editor, who will not add any new figures, however. Accidentals precede the figures to which they refer, and cross-strokes indicating the chromatic inflection of a note (ƀ) are replaced by the appropriate accidental. The lowering by a semitone of a previously sharpened bass figure is always indicated by the natural sign, although the sources sometimes use the flat sign synonymously. The indications "solo" and "tutti" in the bass, always in small print if editorial, call for changes in the instrumentation of the bass line, which are described more specifically in the *Critical Notes*. Rhythmic figurations in the bass line are not necessarily meant to be performed on all participating instruments; thus, rapid scales may be left to the stringed bass instruments, while the harpsichord may split sustained bass notes into shorter values, where this conforms to the general rhythm of the piece.

Embellishments normally required by the performing conventions of Vivaldi's age are supplied editorially, appearing in round brackets, if absent in the source. If the source indicates or implies a cadenza, this will be pointed out in the *Critical Notes*, but normally no specimen of one will be supplied.

Sinfonia per due violini, viola e basso
F XI, 53 (RV 147)

2

Allegro

P.R.1308

4

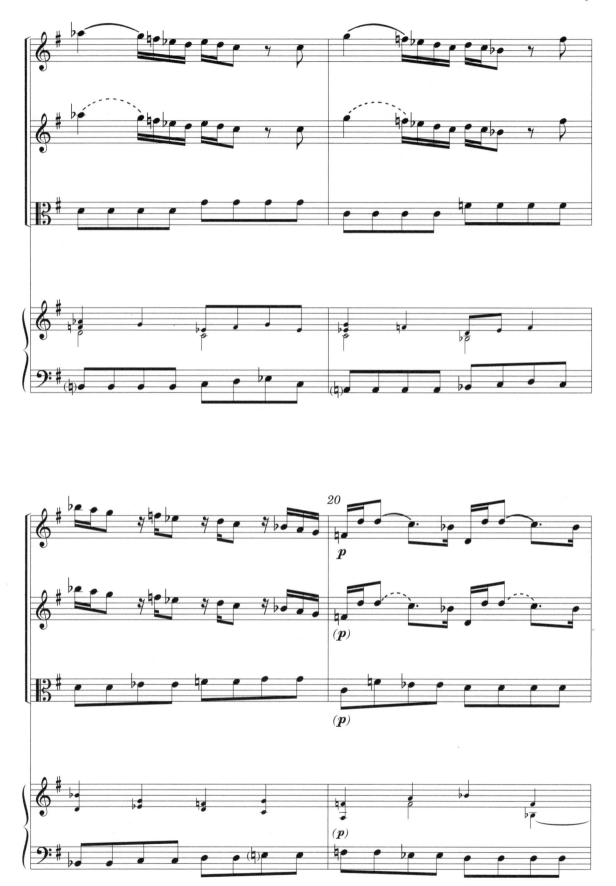

8

10

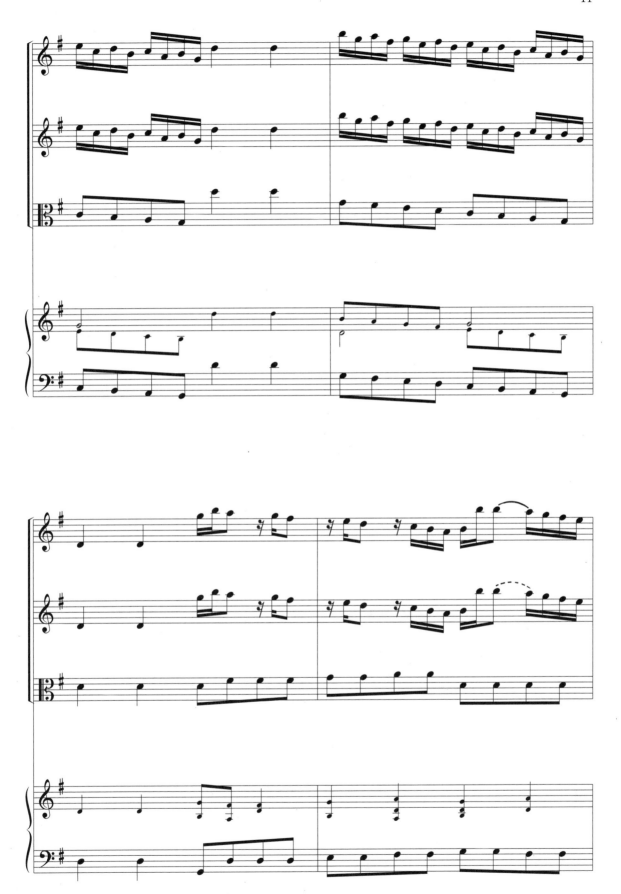

12

14

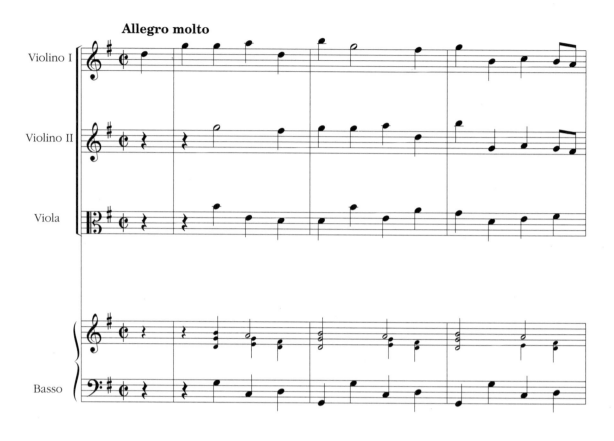

Allegro molto

Violino I

Violino II

Viola

Basso

20

P.R.1308

Note critiche

La Sinfonia in Sol maggiore F XI, 53 (RV 147), attribuita a Vivaldi, sopravvive attraverso due copie manoscritte. Un gruppo di parti incompleto contenente solo la parte del « Violino Primo », integrata dalle parti derivate per « Flauto Traversiero » (2 copie) e per « Oboe », è conservato presso la Sächsische Landesbibliothek di Dresda con la segnatura Mus. 2389-N-2 (1). Ognuna delle quattro parti è scritta su entrambi i lati di un unico foglio di formato diritto, che misura cm. 34 × 22; queste parti furono copiate, probabilmente intorno al 1730, da una persona nota agli studiosi moderni come il « copista D », che può essere identificato con il violista Johann Gottlieb Morgenstern, attivo presso l'orchestra di corte di Dresda dal 1722 in poi.[1] Le parti aggiunte per strumenti a fiato, che si limitano a raddoppiare la parte del primo violino, furono probabilmente preparate in vista di un'« elaborazione orchestrale » di un brano pensato in origine per soli archi, secondo una prassi che era molto comune nel repertorio di questo periodo a Dresda, prassi stimolata dal direttore dell'orchestra stessa, Johann Georg Pisendel. Le quattro parti superstiti, che non riportano il nome del compositore, sono contenute in un'unica cartella risalente al 1765-70 la cui etichetta fornisce informazioni sulla precedente collocazione del manoscritto — « nel secondo armadio » (« Schranck No: II [...] ») della Cappella Cattolica della Corte di Dresda — oltre che sulla strumentazione del lavoro (« co VV.^{ni} Ob: Flaut. V.^{la} e Basso »), sul numero originale delle parti del gruppo (« 9. St. ») e sull'identità del compositore (« Del Sig.^{r} Vivaldi. »).

L'unica fonte completa del lavoro (che contiene una ragguardevole quantità di errori) è un gruppo di parti conservato presso la Biblioteca dell'Università (Universitetsbiblioteket) di Lund, con la segnatura Samling Engelhart Nr. 266. Le quattro parti recano rispettivamente l'iscrizione « Violino 1:° » « Violino 2:° », « Viola. » e « Basso. »; entrambe le parti di violino sono scritte su due fogli, tutte le altre su uno. Le dimensioni di ciascuna pagina sono circa 31,5 per 20,5 cm., in formato diritto. La prima pagina del primo violino, che serve di frontespizio per l'intero manoscritto, reca l'iscrizione: « Simphonia G / à / Violino Primo / Violino Secondo / Viola / et / Basso é Cembalo ». Nell'angolo inferiore destro, appare il nome di un proprietario: « H.C. Engelhardt ».[2] Il nome del compositore, tuttavia, non si legge mai. Tutto quello di cui si può essere sicuri circa il manoscritto è che è di origine svedese e risale alla prima metà del diciottesimo secolo.

È interessante notare che il movimento di apertura del Concerto per archi F XI, 36 (RV 150) ha stretti legami tematici con il terzo movimento di questa Sinfonia F XI, 53 (RV 147). Le battute 1-20 dei due movimenti sono sostanzialmente identiche e anche più avanti si possono trovare corrispondenze tematiche e motiviche. Non possono esserci dubbi sull'autenticità del Concerto F XI, 36 (RV 150) in quanto si conserva sia in una partitura autografa (Torino, Biblioteca Nazionale, Giordano 29, cc. 154-158) sia in un gruppo di parti di provenienza italiana (Parigi, Bibliothèque du Conservatoire, Ac e^4 346 (A-D), n. 11). Tuttavia l'autenticità di F XI, 53 (RV 147) è stata messa in dubbio, nonostante le corrispondenze tematiche con F XI, 36 (RV 150). In particolare Karl Heller l'ha posta in discussione basandosi su elementi stilistici.[3] A suo giudizio la qualità compositiva della Sinfonia F XI, 53 (RV 147) « scende al di sotto dello standard consueto a Vivaldi ». Egli mette in dubbio soprattutto l'autenticità del primo movimento, le cui rudimentali parti inferiori e la singolare struttura tonale si oppongono alla paternità di Vivaldi: « Dalla battuta 13 in poi il movimento è in Sol minore e il primo periodo si conclude, a b. 22, in Si bemolle maggiore (si tratta di un movimento in Sol maggiore!). Più tardi il motivo di apertura è ripetuto in Sol minore, ma dopo mezza battuta ritorna improvvisamente in Sol maggiore. Anche se a Vivaldi piace usare alternanze di maggiore e minore come elemento formale, il modo nel quale sono usate in questo movimento va oltre i confini che gli sono soliti. »

L'Apparato critico fornisce informazioni sulle lezioni originali e sugli errori di copiatura nelle fonti di Dresda (A) e di Lund (B); per il terzo movimento sono state registrate alcune lezioni di F XI, 36 (RV 150) che si trovano nelle fonti di Torino (C) e di Parigi (D).

Apparato critico

movimento, battuta	strumento	fonte	
I	Vl 1, Vl 2	B	Indicazione metrica: ¢ .
I	Vl 1	A, B	Levare di ottavo; le parti di flauto e di oboe derivate in A da questa parte hanno entrambe sedicesimi.
I	Vl 2	B	Levare di ottavo.
I, 3	Vl 1	B	Nota 6 ottavo; manca la legatura. Lo stesso a b. 5.
I, 3	Vl 2	B	Nota 6 ottavo.
I, 4	Vl 1	A	Note 1 e 2 ottavi; lo stesso a b. 6.
I, 4	Vl 2	B	Nota 5 *si²*.
I, 4	Vla	B	Nota 2 *mi³*.
I, 5	Vl 1	A	« pianissimo ».
I, 5	Vl 2	B	Nota 6 ottavo preceduto da pausa di ottavo.
I, 6	Vl 1	B	Manca la corona.
I, 7	Vl 1	A	Note 1-4, 5-7, 8-11 e 12-14 legate; lo stesso alle bb. 9, 30 e 34.
I, 7	Vl 2	B	La terza legatura termina sulla nota 11.
I, 13	Vl 1	A	La seconda legatura inizia sulla nota 7.
I, 13	Vl 1	B	« piano » dalla nota 3 in poi.
I, 14	Vl 1	A	La seconda legatura inizia sulla nota 5.
I, 14	Vl 1	B	Nota 4 senza bemolle; lo stesso a b. 16.
I, 15	Vl 1	A	La prima legatura finisce sulla nota 8; la seconda legatura inizia sulla nota 9.
I, 15	Vl 1	B	Note 3 e 8 senza bemolle.
I, 16	Vl 1	A	La prima legatura finisce sulla nota 4; la seconda inizia sulla nota 5; manca « forte ».
I, 16	Vl 1	B	« Forte » non prima della nota 1 di b. 17.
I, 18	Vl 1	A	Manca la legatura.
I, 18	Vl 1	B	Nota 9 sedicesimo (senza bequadro) preceduta da pause di quarto e di sedicesimo.
I, 19	Vl 1	B	Nota 5 senza bemolle.
I, 19	Vl 2	B	Mancano le note 6 (e la pausa di sedicesimo che la precede) e 7.
I, 19	Basso	B	Nota 3 *si¹ bemolle*.
I, 20	Vl 1	B	Mancano le legature; lo stesso a b. 21.
I, 21	Vl 2	B	*Sol³* come appoggiatura prima della nota 6.
I, 22	Vl 1	A	La prima legatura termina sulla nota 6; la seconda legatura inizia sulla nota 7.
I, 22	Vl 1	B	Nota 6 senza bemolle.
I, 23	Vl 1	A	La prima legatura termina sulla nota 4; la seconda legatura inizia sulla nota 5.
I, 24-28	Vl 1	A	Mancano tutti i segni di staccato.
I, 25	Vl 1	B	Le legature terminano rispettivamente sulle note 4 e 10.
I, 27	Vl 2	B	La legatura termina sulla nota 5.
I, 28	Vl 1, Vl 2	B	Le legature terminano rispettivamente sulle note 2 e 7.

I, 29	Vl 1	A	La prima legatura termina sulla nota 8; la seconda legatura inizia sulla nota 9.
I, 29	Vl 2	B	La prima legatura termina sulla nota 7.
I, 30	Vl 1	B	La terza legatura termina sulla nota 11.
I, 30	Vl 2	B	La seconda legatura inizia sulla nota 5.
I, 31	Vl 2	B	La prima legatura termina sulla nota 4.
I, 31	Vla	B	Nota 6 *si³*.
I, 32	Vl 1	B	Nota 2 *si⁴*.
I, 33	Vl 1	B	Manca il trillo.
I, 33	Vl 2	B	Note 1 e 2 sedicesimi.
I, 34	Vl 2	B	La prima legatura termina sulla nota 4.
I, 38	Vl 2	B	La nota più bassa sul terzo tempo è *si²*.
I, 46	Vl 1	B	Manca la legatura.
I, 48	Vl 1, Vl 2	B	Nota 6 quarto seguito da pausa di quarto.
II	Vl 1, Vl 2, Basso	B	Indicazione di tempo « Andante e Sempre piano ».
II, 2	Vl 1, Vl 2	B	Note 1-3 e 4-5 legate separatamente; note 7-8 non legate. Lo stesso a b. 3.
II, 2	Vl 1	B	Mancano i punti di staccato; lo stesso a b. 3.
II, 6	Vl 1	B	Note 1-2 e 4-5 legate; note 6-8 senza segni di staccato.
II, 6	Vl 2	B	Note 4-5 senza segni di staccato.
II, 7	Vl 1, Vl 2	B	Nota 4 *fa⁴ diesis*.
II, 7	Vl 2	B	Nota 8 senza diesis.
II, 11	Vl 1	A	Note 2-7 legate; lo stesso a b. 13.
II, 11	Vl 2	B	Note 7-8 con segni di staccato.
II, 14	Vl 1, Vl 2	A, B	Note 3, 6, 9 e 12 senza bemolle; lo stesso a b. 16.
II, 14	Vl 1	A	Mancano le legature (presenti, tuttavia, nelle parti di flauto ed oboe).
II, 15	Vl 2	B	Tutti i gruppi di terzine legati e senza punti di staccato.
II, 19	Vl 1	B	Mancano le legature.
II, 20	Vl 1	B	Legate solo le note 3-4.
II, 23	Vl 2	B	Mancano la legatura e i segni di staccato.
II, 24	Vl 1, Vl 2	B	Mancano le legature; lo stesso a b. 25.
II, 24	Vl 2	B	Mancano i segni di staccato: lo stesso a b. 25.
II, 26	Vl 1	B	Note 4-6 e 8-10 tutte terzine di sedicesimi.
II, 26	Vl 2	B	Come il Vl 1, ma con legatura solo sulle note 4-6.
II, 27	Vl 1	B	Note 1-3 terzine di sedicesimi.
II, 28	Vl 2	B	Nota 2 senza diesis.
II, 29	Vl 1, Vl 2	A, B	Nota 5 senza bequadro.
II, 29	Vl 1, Vl 2	B	Nota 1 con segno di staccato.
II, 29	Vl 1	B	Nota 4 senza diesis.
II, 31	Vl 1	B	Note 1-3 e 4-6 legate; note 1-3 senza segni di staccato.
II, 31	Vl 2	B	Nota 1 con segno di staccato.
II, 32	Vl 1	A	Note 2, 4, 6, 8, 10 e 12 senza bemolle.
II, 32	Vl 1	B	Note 2, 4, 8, 10 e 12 senza bemolle. Mancano le legature; lo stesso a b. 34.

II, 32-34	Vl 2	B	Scritto tutto in gruppi di terzine di sedicesimi; solo a b. 32 i primi tre gruppi sono introdotti da un'appoggiatura — alle bb. 33 e 34 solo il primo gruppo.
II, 33	Vl 1	A	Nota 4 senza diesis; nota 10 con bemolle. Lo stesso a b. 34.
II, 33	Vl 1, Vl 2	B	Nota 4 senza diesis. Lo stesso a b. 34.
II, 33	Vl 1	B	Legate solo le note 2-4.
II, 35	Vl 1	B	Note 1-3 due sedicesimi seguiti da un ottavo.
II, 35	Vl 2	B	Note 1-3 legate.
II, 36	Vl 1	A	Note 5, 9 e 11 senza bequadro.
II, 36	Vl 1	B	Note 5 e 11 senza bequadro. Lo stesso a b. 37.
II, 37	Vl 1	A	Note 3, 5, 9 e 11 senza bequadro.
II, 38	Vl 2	B	La legatura inizia sulla nota 2.
II, 39	Vl 1, Vl 2	B	Come il Vl 1, b. 35.
II, 40	Vl 2	B	Mancano i segni di staccato.
II, 41	Vl 1, Vl 2	B	Nota 3 con diesis.
II, 41	Vl 2	B	Manca la legatura; lo stesso a b. 42.
II, 43	Vl 1	A	Note 3-8 non legate.
II, 43	Vl 1	B	Nota 4 con bequadro.
II, 44	Vl 1	A, B	Manca la legatura.
II, 44	Vl 1	B	Nota 5 trentaduesimo.
II, 44	Vla	B	Manca la nota 6. Note 7-10 crome.
II, 45	Vl 2	B	Quarto seguito da pausa di quarto.
III	Tutte le parti	B	Indicazione di tempo « Presto » (in C e in D « all.° »).
III, 7	Vl 1	B	Nota 2 *si³*.
III, 7	Basso	B	Note 3 e 4 *do²*, *re²* (è stata accolta la lezione di C e D).
III, 12	Vl 1	B	Nota 2 *fa³ diesis* (lo stesso in C e in D).
III, 12	Vla	B	Note 1-4 *mi³*, *fa³ diesis*, *fa³ diesis*, *la³* (è stata accolta la lezione di C e D).
III, 12	Basso	B	Note 3 e 4 *re²*, *re²* (è stata accolta la lezione di C e D).
III, 17	Vl 1	B	Nota 3 senza diesis.
III, 22	Vl 1	A	Minima puntata; lo stesso a b. 47.
III, 38-40	Basso	B	Tutti i quarti scritti come ottavi.
III, 45	Vl 2	B	Nota 3 *do⁴*.

Note

[1] Vedi M. FECHNER, *Bemerkungen zu einigen Dresdner Vivaldi-Manuskripten — Fragen der Vivaldi-Pflege unter Pisendel, zur Datierung und Schreiberproblematik*, in *Nuovi studi vivaldiani. Edizione e cronologia critica delle opere*, a cura di A. FANNA e G. MORELLI, Firenze, Olschki, 1988, pp. 775-784.
[2] H.C. Engelhardt (Engelhart) fu direttore del Collegium Musicum dell'Università di Uppsala. Comunque il materiale musicale raccolto da Engelhart non finì a Uppsala, ma a Lund.
[3] Vedi K. HELLER, *Vivaldis Ripienkonzerte. Bemerkungen zu einigen ausgewählten Problemen*, in *Vivaldi-Studien: Referate des 3. Dresdner Vivaldi-Kolloquiums; mit einem Katalog der Dresdner Vivaldi-Handschriften und -Frühdrucke*, a cura di W. REICH, Dresda, Sächsische Landesbibliothek, 1981, pp. 1-31: 28-29.

Critical Notes

The Sinfonia in G major F XI, 53 (RV 147) attributed to Vivaldi survives in two manuscript copies. An incomplete set of parts containing only the part for "Violino Primo", supplemented by derived parts for "Flauto Traversiero" (x 2) and "Oboe", is held by the Sächsische Landesbibliothek, Dresden, under the shelfmark Mus. 2389-N-2 (1). Each of the four parts is written on both sides of a single upright folio measuring 34 by 22 cm; these parts were copied out, probably around 1730, by a person known to modern scholars as "Copyist D", who may be identical with the violist Johann Gottlieb Morgenstern, active in the Dresden court orchestra from 1722 onwards.[1] The added wind parts, which merely double the first violin part, were presumably prepared as part of an "orchestral arrangement" of a work originally just for strings, following a practice that was very common in the Dresden repertory of this time, being promoted by the orchestra's director, Johann Georg Pisendel. The four preserved parts, which do not give the composer's name, are contained in a common folder dating from around 1765-70 whose label provides information on the former location of the manuscript — in the "second cupboard" ("Schranck No: II [...]") of the Catholic Court Chapel in Dresden — as well as the work's scoring ("co VV.ⁿⁱ Ob: Flaut. V.^{la} e Basso"), the original number of parts in the set ("9. St.") and the identity of the composer ("Del Sig.^r Vivaldi.").

The only complete source for the work (albeit one that contains rather a lot of mistakes) is a set of parts held by the University Library (Universitetsbiblioteket), Lund, under the shelfmark Samling Engelhart Nr 266. The four parts are respectively titled "Violino 1:°", "Violino 2:°", "Viola." and "Basso."; the violin parts are both written on two folios, the other parts on one. The dimensions of each folio are approximately 31.5 by 20.5 cm, in upright format. Acting as a title-page for the whole manuscript, the opening page of the first violin part bears the inscription: "Simphonia G / à / Violino Primo / Violino Secondo / Viola / et / Basso é Cembalo ". In the bottom right-hand corner an owner's name appears: "H.C. Engelhardt".[2] Nowhere, however, is the composer's name to be seen. All that can be said for certain about the manuscript is that it is of Swedish origin and dates from the first half of the eighteenth century.

It is noteworthy that the opening movement of the concerto for strings F XI, 36 (RV 150) has close thematic links to the third movement of the present sinfonia F XI, 53 (RV 147). Bars 1-20 of the two movements are virtually identical, and subsequent thematic and motivic correspondences can also be found. There can be no doubt about the authenticity of the concerto F XI, 36 (RV 150), since it is preserved both in an autograph score (Turin, Biblioteca Nazionale, Giordano 29, fols 154-158) and in a set of parts of Italian provenance (Paris, Bibliothèque du Conservatoire, Ac e⁴ 346 (A-D), no. 11). Nevertheless, the authenticity of F XI, 53 (RV 147) has not remained uncontested despite the thematic correspondences with F XI, 36 (RV 150). Karl Heller in particular has disputed it on stylistic grounds.[3] In his judgement the compositional quality of the sinfonia F XI, 53 (RV 147) "sinks below what one is accustomed to find in Vivaldi". He questions the authenticity above all of the first movement, whose rudimentary lower parts and odd tonal structure speak against Vivaldi's authorship: "From bar 13 onwards the movement is in G minor, and the first period closes, in bar 22, in B flat major (this in a movement in G major!). Later on, the opening motive is restated in G minor but after half a bar suddenly reverts to G major. Although Vivaldi likes to use major-minor shifts as a formal element, the way in which they are used in this movement goes beyond the usual bounds".

The Critical Commentary gives information on original readings and scribal errors in the Dresden (A) and Lund (B) sources of the work; in the case of the third movement a few readings found in the Turin (C) and Paris (D) sources of F XI, 36 (RV 150) have been recorded.

Critical Commentary

movement, bar	instrument	source	
I	*Vl 1, Vl 2*	*B*	*Time signature:* ₵ .

I	Vl 1	A, B	*Quaver upbeat; the flute and oboe parts derived from this part in A both have semiquavers.*
I	Vl 2	B	*Quaver upbeat.*
I, 3	Vl 1	B	*Note 6 quaver; slur absent. Similarly in bar 5.*
I, 3	Vl 2	B	*Note 6 quaver.*
I, 4	Vl 1	A	*Notes 1 and 2 quavers; similarly in bar 6.*
I, 4	Vl 2	B	*Note 5 b.*
I, 4	Vla	B	*Note 2 e$^{|}$.*
I, 5	Vl 1	A	*"pianissimo".*
I, 5	Vl 2	B	*Note 6 quaver preceded by quaver rest.*
I, 6	Vl 1	B	*Fermata absent.*
I, 7	Vl 1	A	*Notes 1-4, 5-7, 8-11 and 12-14 slurred; similarly in bars 9, 30 and 34.*
I, 7	Vl 2	B	*Third slur ends on note 11.*
I, 13	Vl 1	A	*Second slur begins on note 7.*
I, 13	Vl 1	B	*"piano" from note 3 onwards.*
I, 14	Vl 1	A	*Second slur begins on note 5.*
I, 14	Vl 1	B	*Note 4 without flat; similarly in bar 16.*
I, 15	Vl 1	A	*First slur ends on note 8; second slur begins on note 9.*
I, 15	Vl 1	B	*Notes 3 and 8 without flat.*
I, 16	Vl 1	A	*First slur ends on note 4; second slur begins on note 5; "forte" absent.*
I, 16	Vl 1	B	*"Forte" not until note 1 of bar 17.*
I, 18	Vl 1	A	*Slur absent.*
I, 18	Vl 1	B	*Note 9 semiquaver (without natural) preceded by quaver and semiquaver rests.*
I, 19	Vl 1	B	*Note 5 without flat.*
I, 19	Vl 2	B	*Notes 6 (with preceding semiquaver rest) and 7 absent.*
I, 19	Basso	B	*Note 3 B (flat).*
I, 20	Vl 1	B	*Slurs absent; similarly in bar 21.*
I, 21	Vl 2	B	*Appoggiatura g$^{|}$ before note 6.*
I, 22	Vl 1	A	*First slur ends on note 6; second slur begins on note 7.*
I, 22	Vl 1	B	*Note 6 without flat.*
I, 23	Vl 1	A	*First slur ends on note 4; second slur begins on note 5.*
I, 24-28	Vl 1	A	*All staccato marks absent.*
I, 25	Vl 1	B	*Slurs end on notes 4 and 10 respectively.*
I, 27	Vl 2	B	*Slur ends on note 2.*
I, 28	Vl 1, Vl 2	B	*Slurs end on notes 2 and 7 respectively.*
I, 29	Vl 1	A	*First slur ends on note 8; second slur begins on note 9.*
I, 29	Vl 2	B	*First slur ends on note 7.*
I, 30	Vl 1	B	*Third slur ends on note 11.*
I, 30	Vl 2	B	*Second slur begins on note 5.*
I, 31	Vl 2	B	*First slur ends on note 4.*
I, 31	Vla	B	*Note 6 b$^{|}$.*
I, 32	Vl 1	B	*Note 1 b$^{||}$.*
I, 33	Vl 1	B	*Trill absent.*

I, 33	Vl 2	B	Notes 1 and 2 semiquavers.
I, 34	Vl 2	B	First slur ends on note 4.
I, 38	Vl 2	B	Lowest note on beat 3 b.
I, 46	Vl 1	B	Slur absent.
I, 48	Vl 1, Vl 2	B	Note 6 crotchet followed by crotchet rest.
II	Vl 1, Vl 2, Basso	B	Tempo direction "Andante e Sempre piano".
II, 2	Vl 1, Vl 2	B	Notes 1-3 and 4-6 separately slurred; notes 7-8 unslurred. Similarly in bar 3.
II, 2	Vl 1	B	Staccato marks absent; similarly in bar 3.
II, 6	Vl 1	B	Notes 1-2 and 4-5 slurred; notes 6-8 without staccato marks.
II, 6	Vl 2	B	Notes 4-5 without staccato marks.
II, 7	Vl 1, Vl 2	B	Note 4 f" sharp.
II, 7	Vl 2	B	Note 8 without sharp.
II, 11	Vl 1	A	Notes 2-7 slurred; similarly in bar 13.
II, 11	Vl 2	B	Notes 7-8 with staccato marks.
II, 14	Vl 1, Vl 2	A, B	Notes 3, 6, 9 and 12 without flat; similarly in bar 16.
II, 14	Vl 1	A	Slurs absent (present, however, in the parts for flute and oboe).
II, 15	Vl 2	B	All triplet groups slurred and without staccato marks.
II, 19	Vl 1	B	Slurs absent.
II, 20	Vl 1	B	Only notes 3-4 slurred.
II, 23	Vl 2	B	Slur and staccato marks absent.
II, 24	Vl 1, Vl 2	B	Slurs absent; similarly in bar 25.
II, 24	Vl 2	B	Staccato marks absent; similarly in bar 25.
II, 26	Vl 1	B	Notes 4-6 and 8-10 all triplet semiquavers.
II, 26	Vl 2	B	As Vl 1 but with only notes 4-6 slurred.
II, 27	Vl 1	B	Notes 1-3 triplet semiquavers.
II, 28	Vl 2	B	Note 2 without sharp.
II, 29	Vl 1, Vl 2	A, B	Note 5 without natural.
II, 29	Vl 1, Vl 2	B	Note 1 with staccato mark.
II, 29	Vl 1	B	Note 4 without sharp.
II, 31	Vl 1	B	Notes 1-3 and 4-6 slurred; notes 1-3 without staccato marks.
II, 31	Vl 2	B	Note 1 with staccato mark.
II, 32	Vl 1	A	Notes 2, 4, 6, 8, 10 and 12 without flat.
II, 32	Vl 1	B	Notes 2, 4, 8, 10 and 12 without flat; slurs absent. Similarly in bar 34.
II, 32-34	Vl 2	B	Written throughout in triplet semiquaver groups; in bar 32 only the first three groups are introduced by an appoggiatura — in bars 33 and 34 only the first group.
II, 33	Vl 1	A	Note 4 without sharp; note 10 with flat. Similarly in bar 34.
II, 33	Vl 1, Vl 2	B	Note 4 without sharp; similarly in bar 34.
II, 33	Vl 1	B	Only notes 2-4 slurred.

II, 35	Vl 1	B	Notes 1-3 two semiquavers followed by a quaver.
II, 35	Vl 2	B	Notes 1-3 slurred.
II, 36	Vl 1	A	Notes 5, 9 and 11 without natural.
II, 36	Vl 1	B	Notes 5 and 11 without natural; similarly in bar 37.
II, 37	Vl 1	A	Notes 3, 5, 9 and 11 without natural.
II, 38	Vl 2	B	Slur begins on note 2.
II, 39	Vl 1, Vl 2	B	As Vl 1, bar 35.
II, 40	Vl 2	B	Staccato marks absent.
II, 41	Vl 1, Vl 2	B	Note 3 with sharp.
II, 41	Vl 2	B	Slur absent; similarly in bar 42.
II, 43	Vl 1	A	Notes 3-8 unslurred.
II, 43	Vl 1	B	Note 4 with natural.
II, 44	Vl 1	A, B	Slur absent.
II, 44	Vl 1	B	Note 5 demisemiquaver.
II, 44	Vla	B	Note 6 missing; notes 7-10 quavers.
II, 45	Vl 2	B	Crotchet followed by crotchet rest.
III	All parts	B	Tempo direction "Presto" (in C and D "all.°").
III, 7	Vl 1	B	Note 2 b'.
III, 7	Basso	B	Notes 3 and 4 c, d (the reading in C and D has been adopted).
III, 12	Vl 1	B	Note 2 f' (sharp) (similarly in C and D).
III, 12	Vla	B	Notes 1-4 e', f'(sharp), f' (sharp), a' (the reading in C and D has been adopted).
III, 12	Basso	B	Notes 3-4 d, d (the reading in C and D has been adopted).
III, 17	Vl 1	B	Note 3 without sharp.
III, 22	Vl 1	A	Dotted minim; similarly in bar 47.
III, 38-40	Basso	B	All crotchets written as quavers.
III, 45	Vl 2	B	Note 3 c".

(Translation by Michael Talbot)

Notes

[1] See M. FECHNER, Bemerkungen zu einigen Dresdner Vivaldi-Manuskripten — Fragen der Vivaldi-Pflege unter Pisendel, zur Datierung und Schreiberproblematik, in Nuovi studi vivaldiani. Edizione e cronologia critica delle opere, eds. A. FANNA and G. MORELLI, Florence, Olschki, 1988, pp. 775-784.

[2] H.C. Engelhardt (Engelhart) was the director of the Collegium Musicum at Uppsala University. The musical material collected by Engelhart ended up not in Uppsala, however, but in Lund.

[3] See K. HELLER, Vivaldis Ripienkonzerte. Bemerkungen zu einigen ausgewählten Problemen, in Vivaldi-Studien: Referate des 3. Dresdner Vivaldi-Kolloquiums; mit einem Katalog der Dresdner Vivaldi-Handschriften und -Frühdrucke, ed. W. REICH, Dresden, Sächsische Landesbibliothek, 1981, pp. 1-31: 28-29.